PETER GAYMANN präsentiert
Pizza, Pasta, Panna Cotta

Mosaik bei
GOLDMANN

INHALT

Vorspeisen

7   Insalata caprese
8   Minestrone
11 Insalata di bresaola
12 Weiße Bohnen mit Salbei
15 Tramezzini mit Thunfischcreme

Pasta, Pizza und Risotto

19 Spaghetti mit Knoblauch, Olivenöl und Peperoni
20 Spaghetti mit Venusmuscheln
23 Spaghetti alla puttanesca
24 Ravioli mit Petersilienfüllung
27 Kräutergnocchi mit Tomatensugo
28 Bandnudeln mit Pesto genovese
31 Pizza mit Spinat und Ziegenkäse
32 Lasagne mit Lammhack
35 Pizza mit Muscheln
36 Calzone mit Radicchiofüllung
39 Focaccia mit Sardellen
40 Risotto mit grünem Spargel
43 Steinpilzrisotto

Fleischgerichte

47 Parmesanschnitzel auf Tagliatelle
48 Ossobuco mit Zitronen-Petersilien-Gremolata
51 Saltimbocca
52 Rosmarinhähnchen
55 Geschmortes Tomaten-Kaninchen

Fischgerichte

59 Gefüllte Tintenfische
60 Seeteufel mit Basilikumschaum
63 Gratinierte Muscheln
64 Thunfisch mit Paprika und Fenchel

Desserts

69 Obstsalat mit Zabaione
70 Tiramisu
73 Panna Cotta mit Früchten
75 Kastanienpüree mit Sahne
76 Gratinierte Orangen

Vorspeisen

Insalata caprese

Minestrone

Insalata di bresaola

Weiße Bohnen mit Salbei

Tramezzini mit Thunfischcreme

Insalata caprese

250 g Mozzarella
4 feste Fleischtomaten
1/2 Bund Basilikum
Salz, Pfeffer
2 TL Aceto balsamico
4 EL Olivenöl

FÜR 4 PORTIONEN

1 Den Mozzarella abtropfen lassen und in Scheiben schneiden. Die Tomaten waschen und den Stielansatz entfernen. Die Tomaten in Scheiben schneiden und auf Tellern auslegen. Den Mozzarella darauf verteilen.

2 Basilikumblättchen abzupfen, möglichst nicht waschen, nur abwischen. Auf die Mozzarellascheiben legen, salzen und pfeffern.

3 Essig und Olivenöl mit einer Gabel verrühren und darüber träufeln.

Minestrone

250 g Schnittbohnen
1 Bund Suppengrün
2 Zwiebeln
2 Knoblauchzehen
2 TL Olivenöl
Pfeffer
50 g Fadennudeln

1 l Fleischbrühe (selbst ge-
 macht oder Instant)
150 g gekochte weiße Bohnen
 (Dose)
2 Tomaten
1 EL gehacktes Basilikum
30 g Parmesan

FÜR 4 PORTIONEN

1 Bohnen und Suppengrün waschen, putzen und klein schneiden. Zwiebeln und
Knoblauch abziehen und fein hacken.

2 In einem Topf das Öl erhitzen, Zwiebeln
und Knoblauch anbraten. Suppengrün zufügen und andünsten. Pfeffern, die Brühe
zugießen.

3 Die weißen Bohnen abtropfen lassen, in
den Topf geben und alles bei schwacher
Hitze 20 Minuten garen.

4 Fünf Minuten vor Ende der Garzeit die
Nudeln zur Suppe geben. Die Tomaten
waschen, putzen, würfeln und unterrühren.

5 Die Minestrone in eine Terrine füllen und
das Basilikum einrühren. Mit dem geriebe-
nen Parmesan bestreuen und servieren.

Insalata di bresaola

50 g Pinienkerne

200 g dünn aufgeschnittener
    Bresaola (gepökelter, luft-
    getrockneter Rinderschinken)

100 g Pecorino (oder junger
    Parmesan)

Meersalz

Pfeffer, frisch gemahlen

Saft von 1 Zitrone

3 EL Olivenöl

Frittieröl zum Ausbacken

120 g Rucola

4 EL Mehl

FÜR 4 PORTIONEN

1 Die Pinienkerne entweder im auf 180 °C vorgeheizten Ofen oder in einer beschichteten Pfanne ohne Fett anrösten, bis sie leicht gebräunt, aber keinesfalls schwarz sind.

2 Vier Teller mit dem hauchdünn geschnittenen Bresaola auslegen. Den Käse mit dem Trüffelhobel darüberschaben. Mit Salz und Pfeffer würzen, mit Zitronensaft und Olivenöl begießen und die Pinienkerne darüberstreuen.

3 Das Frittieröl erhitzen. Inzwischen die Rucolablätter waschen, trocken schleudern, in ein Sieb geben, mit Mehl bestreuen und das überschüssige Mehl gründlich abschütteln. Rucolablätter kurz im heißen Öl frittieren, bis sie kross und knusprig sind. Gleichmäßig über den Bresaolasalat verteilen. Noch einmal mit der Pfeffermühle gut würzen und dann sofort servieren.

Weiße Bohnen mit Salbei

250 g Cannellini-Bohnen
   (weiße Bohnen)
2 Knoblauchzehen
1 Zwiebel
1 Möhre
1 Stange Sellerie
3 EL Olivenöl

1 Lorbeerblatt
je 1 kleiner Zweig frischer
   Salbei und Thymian
Salz, Pfeffer
4 EL Olivenöl
einige frisch gehackte Salbeiblätter

FÜR 4 PORTIONEN

1 Die Bohnen über Nacht einweichen.

2 Am nächsten Tag Knoblauch und Zwiebel schälen, grob hacken, die geputzte Möhre in kleine Stücke, den Sellerie in Scheiben schneiden. In einem großen Suppentopf das Olivenöl erhitzen, zerkleinertes Gemüse darin kurz anrösten. Lorbeerblatt, Salbei, Thymian und abgetropfte Bohnen dazugeben, kurz durchrühren und so viel kaltes Wasser zugießen, dass die Bohnen gut 3 cm hoch mit Wasser bedeckt sind.

3 Zum Kochen bringen, Bohnen etwa 40 Minuten kochen, salzen und weitere 30 Minuten kernig, aber nicht zu weich kochen. Während der Garzeit ab und zu umrühren und eventuell etwas Wasser nachgießen.

4 Bohnen abseihen, Kräuter und Lorbeerblatt entfernen. Die Bohnen in einer vorgewärmten Schüssel anrichten, mit Salz und Pfeffer abschmecken, Olivenöl untermischen und Salbei darüberstreuen.

Tipp:
Dieses Gericht eignet sich nicht nur als kalte Vorspeise oder als Salat mit Thunfisch und gekochten Kartoffeln, sondern ist auch als schmackhafte warme Beilage äußerst beliebt.

Tramezzini
mit Thunfischcreme

2 Dosen Thunfisch in Lake
1 EL Kapern
2 TL gehackte Pistazien
100 g Ricotta
2 TL Zitronensaft
Salz, Pfeffer

4 schöne Salatblätter
8 Scheiben Sandwichbrot

FÜR 4 PORTIONEN

1 Thunfisch abtropfen lassen und zerpflücken. Kapern fein hacken.

2 Thunfisch, Kapern, Pistazien und Ricotta mischen, mit Zitronensaft, Salz und Pfeffer abschmecken. Salatblätter waschen, trocknen, dicke Rippen flach schneiden.

3 Die Hälfte der Brote mit Salat belegen, mit Creme bestreichen. Übrige Brote darüber klappen und diagonal in Dreiecke schneiden.

Pasta, Pizza und Risotto

Spaghetti mit Knoblauch, Olivenöl und Peperoni

Spaghetti mit Venusmuscheln

Spaghetti alla puttanesca

Ravioli mit Petersilienfüllung

Kräutergnocchi mit Tomatensugo

Bandnudeln mit Pesto genovese

Pizza mit Spinat und Ziegenkäse

Lasagne mit Lammhack

Pizza mit Muscheln

Calzone mit Radicchiofüllung

Focaccia mit Sardellen

Risotto mit grünem Spargel

Steinpilzrisotto

Spaghetti
mit Knoblauch, Olivenöl und Peperoni

6 Knoblauchzehen
1 Bund glatte Petersilie
1–2 rote Peperoni
1/8 l Olivenöl
Salz
500 g Spaghetti
frisch geriebener Parmesan

FÜR 4 PORTIONEN

1 Den Knoblauch abziehen und in dünne Scheiben schneiden. Petersilie und Peperoni waschen und fein hacken.

2 Das Olivenöl in einer Pfanne erhitzen und Knoblauchscheiben und Peperoni hinzufügen. Den Knoblauch ganz leicht hellbraun werden lassen. Die Petersilie und etwas Salz einrühren.

3 Die Spaghetti in Salzwasser nach Packungsanweisung bissfest kochen. Die Nudeln in ein Sieb abgießen, sofort mit der Knoblauch-Öl-Mischung übergießen und mit Parmesan bestreut servieren.

Spaghetti Marinara

Spaghetti mit Venusmuscheln

1 kg frische, geputzte Venusmuscheln
1 Bund glatte Petersilie
1 Zwiebel
4 Knoblauchzehen
200 ml trockener Weißwein
2 EL Olivenöl

500 g Spaghetti
100 g Sahne
Salz, Pfeffer

FÜR 4 PORTIONEN

1 Die Muscheln unter fließendem kalten Wasser bürsten und abtropfen lassen. Petersilie waschen, von den Stielen zupfen und fein hacken. Zwiebel und Knoblauchzehen abziehen und fein würfeln. Weißwein in einem breiten Topf aufkochen, etwas Petersilie und die Muscheln zugeben. Den Topf verschließen und die Muscheln in etwa 5 bis 8 Minuten garen, bis sich die Schalen öffnen.

2 Bei der Hälfte der Muscheln die Schalen entfernen. Den Muschelsud durch ein Sieb gießen und auffangen.

3 Olivenöl in einem Topf erhitzen, Zwiebel- und Knoblauchwürfel darin andünsten. Mit Muschelsud ablöschen und bei schwacher Hitze 5 Minuten garen. In der Zwischenzeit die Spaghetti in reichlich Salzwasser bissfest garen. In ein Sieb abgießen und abtropfen lassen.

4 Den Muschelsud mit Sahne und einem Drittel der Petersilie verfeinern. Sowohl die Muscheln mit als auch die ohne Schale in den Topf geben. Nach Bedarf mit Salz und Pfeffer würzen.

5 Die Spaghetti mit der Muschelsauce in einer größeren Schüssel locker vermengen und auf vier vorgewärmte, tiefe Teller verteilen. Mit der restlichen Petersilie bestreuen.

Spaghetti alla puttanesca

500 g Tomaten
4 in Öl eingelegte Sardellenfilets
2 Knoblauchzehen
2 getrocknete Peperoncini
Salz
500 g Spaghetti

4 EL Olivenöl
100 ml trockener Rotwein
2 EL Kapern
2 EL entsteinte Oliven

FÜR 4 PORTIONEN

1 Die Tomaten mit kochend heißem Wasser überbrühen. Kurz darin ziehen lassen, dann häuten und ohne Stielansätze in kleine Würfel schneiden. Die Sardellenfilets in einem Sieb abtropfen lassen und fein hacken. Den Knoblauch abziehen und ebenfalls fein hacken. Die Peperoncini in einem Mörser fein zerstoßen.

2 Die Spaghetti in Salzwasser nach Packungsanweisung bissfest kochen. Währenddessen das Öl in einem anderen Topf erwärmen. Die Sardellen mit dem Knoblauch und den Peperoncini hineingeben und andünsten.

Die Tomaten hinzufügen, den Wein angießen und alles offen bei mittlerer Hitze etwa 10 Minuten kochen, bis die Sauce etwas dickflüssiger wird.

3 Die Kapern abtropfen lassen und die Oliven hacken. Beides unter die Sauce mischen und mit Salz abschmecken.

4 Die Spaghetti abgießen und mit der Sardellensauce mischen. Auf vorgewärmte Teller verteilen und servieren.

23

Ravioli mit Petersilienfüllung

450 g Mehl
4 Eier
Salz
5 EL Olivenöl
1 kleine Zwiebel
2 Knoblauchzehen
4 Bund Petersilie

50 g Pinienkerne
50 g geriebener Parmesan
1 TL Zitronensaft
Pfeffer
1 Eiweiß
Mehl zum Ausrollen

FÜR 4 PORTIONEN

1 Das Mehl auf eine Arbeitsfläche sieben und in die Mitte eine Mulde drücken. Die Eier in einer Schüssel verquirlen, salzen, mit dem Olivenöl in die Mulde gießen und das Mehl vom Rand her mit den Fingern nach und nach untermischen. Den Teig gut durchkneten, bis er geschmeidig und glatt ist. Mindestens 30 Minuten in ein feuchtes Tuch gewickelt ruhen lassen.

2 Die Zwiebel abziehen und fein würfeln. Die Knoblauchzehen abziehen und durch die Presse drücken. Die Petersilie waschen, trocken tupfen, die Blättchen abzupfen und hacken. Pinienkerne ebenfalls hacken. Zwiebel, Knoblauch, Pinienkerne, Petersilie, Parmesan und restliches Olivenöl zu einer einheitlichen Masse verarbeiten. Mit Zitronensaft, Salz und Pfeffer würzen.

3 Den Teig auf einer bemehlten Arbeitsfläche möglichst dünn ausrollen. Kreise von etwa 7 Zentimeter Durchmesser ausstechen. Jeweils 1 Esslöffel von der Füllung darauf setzen, die Ränder mit Eiweiß bestreichen und die Kreise zu Halbmonden zusammenklappen. Den Rand um die Füllungen gut andrücken.

4 In einem großen Topf Salzwasser zum Kochen bringen. Die Ravioli einzeln hineingleiten lassen, 3 bis 4 Minuten garen und dann mit einem Schaumlöffel herausheben.

Kräutergnocchi mit Tomatensugo

800 g mehlig kochende
  Kartoffeln
1 Bund Thymian
2 Zweige Rosmarin
Salz, Pfeffer
geriebene Muskatnuss
180 g Mehl

Mehl für die Arbeitsplatte
800 g Tomaten
1 Zwiebel
1 Knoblauchzehe
3 EL Olivenöl
1 TL getrockneter Oregano
2 EL geriebener Parmesan

FÜR 4 PORTIONEN

1 Die Kartoffeln waschen und als Pellkartoffeln garen. Noch heiß pellen und durch die Kartoffelpresse drücken.

2 Thymian und Rosmarin waschen und trocken schütteln. Einige Blättchen zum Garnieren beiseite legen, die restlichen fein hacken. Thymian, Rosmarin, Salz, Pfeffer, Muskat und Mehl unter die Kartoffelmasse kneten. Den Teig zu fingerdicken Rollen formen. In 2,5 Zentimeter breite Stücke schneiden und mit der Gabel zu Gnocchi flach drücken. Die Gnocchi auf eine mit Mehl bestäubte Arbeitsplatte oder auf einen Teller legen. Mit einem Tuch bedecken und etwa 30 Minuten ruhen lassen.

3 In der Zwischenzeit Tomaten kurz überbrühen, häuten und ohne Stielansätze würfeln. Die Zwiebel abziehen und würfeln. Den Knoblauch abziehen und fein hacken. 2 Esslöffel Olivenöl erhitzen. Zwiebel und Knoblauch darin glasig dünsten. Tomaten, Salz, Pfeffer und Oregano dazugeben. Sauce aufkochen und offen bei schwacher Hitze etwa 15 Minuten kochen lassen.

4 Reichlich Salzwasser in einem Topf aufkochen. Die Gnocchi darin bei schwacher Hitze in etwa 7 Minuten gar ziehen lassen. Herausheben und abtropfen lassen. Gnocchi mit der Tomatensauce anrichten. Mit Parmesan bestreuen, mit 1 Esslöffel Olivenöl beträufeln und mit dem restlichen Thymian und Rosmarin garnieren.

Bandnudeln mit Pesto genovese

400 g Mehl
3 Eier
60 ml trockener Weißwein
Salz
Mehl zum Bearbeiten
3 Knoblauchzehen
2 Bund Basilikum

1/2 TL grobes Meersalz
20 g Pinienkerne
70 g geriebener Parmesan
100 ml Olivenöl

FÜR 4 PORTIONEN

1 Für die Nudeln das Mehl in eine Schüssel geben und in die Mitte eine Mulde drücken Die Eier, den Wein und 1/2 Teelöffel Salz hineingeben. Alles zuerst von der Mitte aus verrühren, dann auf der Arbeitsfläche mit den Händen zu einem glatten Teig verkneten. Den Teig zu einer Kugel formen, in Frischhaltefolie wickeln und 1 Stunde ruhen lassen.

2 Den Nudelteig portionsweise auf der leicht bemehlten Arbeitsfläche dünn ausrollen und in 1 Zentimeter breite, lange Streifen schneiden. Die Nudeln 1 Stunde antrocknen lassen. Das geht am besten, wenn man sie über lange Kochlöffelstiele hängt, die über einen Kochtopf gelegt werden.

3 Für das Pesto die Knoblauchzehen abziehen und hacken. Das Basilikum mit Küchenpapier putzen und die Blättchen in Stücke zupfen. Knoblauch, Basilikum, Meersalz und Pinienkerne im Mörser zu einer feinen Paste zerreiben. Nach und nach den Käse darunter arbeiten. Zum Schluss das Olivenöl unterrühren.

4 Die Nudeln in reichlich kochendem Salzwasser in 4 bis 5 Minuten bissfest garen. In ein Sieb abgießen und dabei etwas von dem Nudelwasser auffangen. Das Pesto mit 4 bis 5 Esslöffel Nudelwasser verrühren. Die Nudeln auf Teller verteilen und je eine Portion Pesto in die Mitte geben. Sofort servieren.

Pizza mit Spinat und Ziegenkäse

300 g Mehl
Salz
1/2 Würfel Hefe
1 EL Olivenöl
Mehl für die Arbeits-
   fläche
50 g Rosinen

500 g Spinat
200 g Ziegenfrischkäse
125 g Mozzarella
1 Schalotte
1 Knoblauchzehe
Salz
3 EL Pinienkerne

2 EL Olivenöl
Mehl für die Arbeitsfläche

FÜR 1 BACKBLECH

1 Mehl und Salz in eine Schüssel geben und in die Mitte eine Mulde drücken. Die Hefe hineinbröckeln, mit 50 Milliliter lauwarmem Wasser und Mehl zu einem Vorteig verrühren. Zugedeckt an einem warmen Ort etwa 15 Minuten gehen lassen.

2 Das Öl und 150 Milliliter lauwarmes Wasser zu dem Vorteig gießen, alles zu einem festen Teig verarbeiten. Zugedeckt an einem warmen Ort 45 Minuten gehen lassen, bis sich sein Volumen verdoppelt hat.

3 Inzwischen die Rosinen mit heißem Wasser knapp bedecken und darin quellen lassen. Den Spinat putzen, waschen und die groben Stiele abzupfen. Die Blätter tropfnass in einen Topf geben und bei mittlerer Hitze zugedeckt zusammenfallen lassen. In ein Sieb geben und abkühlen lassen.

4 Den Ziegenfrischkäse grob zerbröckeln. Den Mozzarella abtropfen lassen und klein würfeln. Beides vermischen. Spinat grob hacken. Schalotte und Knoblauch abziehen und fein hacken, mit dem Spinat und den eingeweichten Rosinen mischen. Alles mit Salz würzen.

5 Den Backofen auf 220 °C vorheizen. Ein Backblech mit Backpapier auslegen. Den Teig auf leicht bemehlter Fläche zu einem Rechteck ausrollen und das Blech damit auslegen. Den Boden mit der Spinatmischung belegen, mit Käse und Pinienkernen bestreuen.

6 Die Pizza mit dem Öl beträufeln und im heißen Backofen auf der mittleren Schiene 25 Minuten backen. Herausnehmen, in Stücke teilen und sofort servieren.

Lasagne mit Lammhack

		Béchamelsauce:
1 Bund Suppengrün	Salz, Pfeffer	50 g Butter
1 Zwiebel	125 g Mozzarella	40 g Mehl
2 Knoblauchzehen	250 g Lasagneplatten	3/8 l Milch
2 EL Olivenöl	(ohne Vorkochen)	3/8 l Gemüsebrühe
300 g Lammhack	50 g geriebener Parmesan	Salz
1 große Dose Tomaten		Muskat
1/8 l Fleischbrühe		

FÜR 4 PORTIONEN

1 Für die Béchamelsauce die Butter in einem Topf schmelzen, aber nicht bräunen. Das Mehl dazugeben und unter ständigem Rühren bei mittlerer Hitze goldbraun anrösten. Milch und Brühe mischen, nach und nach unter ständigem Rühren, am besten mit dem Schneebesen, zum Mehl geben. Die Sauce bei schwacher Hitze etwa 10 Minuten köcheln lassen. Mit Salz und Muskat abschmecken.

2 Suppengrün waschen, putzen und klein schneiden. Zwiebel und Knoblauch abziehen und würfeln. Das Öl erhitzen und Zwiebel und Knoblauch darin andünsten. Das Fleisch zugeben und mitbraten. Die Tomaten abgießen, klein schneiden und mit Suppengrün und Brühe zum Fleisch geben. Die Sauce etwa 45 Minuten köcheln lassen und abschmecken.

3 Den Backofen auf 200 °C vorheizen. Mozzarella würfeln. Etwas Fleischragout und Mozzarella in eine ofenfeste Form geben. Mit einer Schicht Lasagne bedecken. Wieder Fleisch und dann Béchamel darüber geben.

4 Weitere Lagen aufschichten. Mit Béchamel und Parmesan abschließen. Die Lasagne im Ofen etwa 40 Minuten backen.

Pizza mit Muscheln

1 Portion Pizzateig
  (s. Seite 31)
2 Bund Suppengrün
300 g durchwachsener
  Speck in Scheiben
250 g Sahne
Salz, Pfeffer

3 Bund glatte Petersilie
3 Knoblauchzehen
100 g Parmesan
25 g Semmelbrösel
500 g Miesmuschelfleisch
450 g Thunfisch naturell
  (oder 3 Dosen)

etwas Mehl und Fett
1/2 l Tomatensauce (Glas)
4 EL Olivenöl

FÜR 1 BACKBLECH

1 Das Suppengrün putzen und grob hacken. Die Speckscheiben in einer Pfanne auslassen, herausnehmen und das Suppengrün im Fett andünsten. Die Sahne zugießen und 6 bis 8 Minuten einkochen lassen, dann mit Salz und Pfeffer aus der Mühle würzen und abkühlen lassen.

2 Die Petersilie waschen, trocken tupfen und fein hacken. Den Knoblauch abziehen und durchpressen. Beide Zutaten mit geriebenem Parmesan und Semmelbröseln mischen.

3 Die Muscheln in ein Sieb geben, abbrausen, abtropfen lassen und zusammen mit dem zerkleinerten Thunfischfleisch ca. 15 Minuten dünsten.

4 Den Teig auf der bemehlten Arbeitsfläche ausrollen, auf ein gefettetes Blech legen und mit der Gabel mehrmals einstechen. Die Tomatensauce darauf streichen, dann die Suppengrünmasse darauf verteilen. Das Muschelfleisch und den Thunfisch darauf geben, mit der Käsemischung bestreuen und mit Öl beträufeln.

5 Die Pizza 10 Minuten gehen lassen. Im vorgeheizten Backofen bei 200 °C auf mittlerer Schiene 25 bis 30 Minuten backen.

Calzone mit Radicchiofüllung

Teig:
500 g Mehl
1 TL Salz
30 g frische Hefe
60 g zerlassenes Schmalz

Füllung:
1 großer Kopf Radicchio
2 EL entsteinte schwarze
  Oliven
1 Knoblauchzehe
1 EL Öl
250 g Schafskäse

1 Ei
2 EL gehackte Petersilie
50 g Parmesan
125 g Mozzarella
Salz, Pfeffer

FÜR 4 STÜCK

1 Für den Hefeteig das Mehl mit dem Salz vermischen. In die Mitte eine Mulde drücken, die Hefe hineinbröckeln und mit 1/8 Liter lauwarmem Wasser und etwas Mehl zu einem Vorteig verrühren. Diesen zugedeckt an einem warmen Ort etwa 15 Minuten gehen lassen.

2 Etwa 1/8 Liter lauwarmes Wasser und das Schmalz zu dem Vorteig geben. Alles zu einem glatten Teig verrühren und zugedeckt etwa 1 Stunde gehen lassen.

3 Für die Füllung den Radicchio vierteln, waschen und ohne Strunk in feine Streifen schneiden. Die Oliven grob hacken. Die Knoblauchzehe abziehen und durchpressen. Das Öl in einer großen Pfanne erhitzen. Radicchio und Knoblauch hinzufügen und andünsten. Die Oliven darunter rühren und die Mischung in der Pfanne beiseite stellen.

4 Aus dem Teig 4 gleich große Kugeln formen. Jede rund ausrollen und mit den Fingern einen Rand formen. Teigkreise zugedeckt 1 Stunde gehen lassen.

5 Den Schafskäse mit einer Gabel fein zerkleinern und mit dem Ei verrühren. Petersilie und Parmesan zufügen. Den Mozzarella abtropfen lassen, klein würfeln und darunter mischen. Mit Pfeffer und nach Belieben mit Salz würzen. Den Backofen auf 200 °C vorheizen. Ein Backblech mit Backpapier auslegen.

6 Die Füllung auf die Calzone geben. Die Teigkreise zusammenklappen und die Ränder fest andrücken. Im heißen Backofen auf der mittleren Schiene 30 Minuten backen.

Focaccia mit Sardellen

350 g Mehl
1/2 TL Salz
1/2 Würfel Hefe
1 Prise Zucker
2 EL Olivenöl
1 Glas eingelegte
   Sardellenfilets

5 eingelegte getrocknete
   Tomatenstücke
1 Bund Frühlingszwiebeln
2 Knoblauchzehen
grobes Meersalz
grob gemahlener Pfeffer
2 EL Olivenöl

1 Zweig Thymian
einige Basilikumblättchen
Öl für das Backblech
Mehl für die Arbeitsfläche

FÜR 1 BACKBLECH

1 Mehl und Salz in einer Schüssel mischen, in die Mitte eine Mulde drücken. Die Hefe hineinbröckeln, mit dem Zucker bestreuen und mit 5 Esslöffel lauwarmem Wasser und Mehl zu einem Vorteig rühren. Zugedeckt 15 Minuten gehen lassen.

2 Öl und 150 Milliliter Wasser zum Vorteig geben und alles zu einem geschmeidigen Teig verkneten. Zugedeckt etwa 5 Minuten gehen lassen, bis sich sein Volumen verdoppelt hat.

3 Für den Belag die Sardellen abspülen, trocken tupfen und in kleine Stücke schneiden. Die Tomaten abtropfen lassen und klein würfeln. Die Frühlingszwiebeln waschen, putzen und in Ringe teilen. Die Knoblauchzehen abziehen und fein hacken.

4 Ein Backblech mit Öl bestreichen. Den Teig auf leicht bemehlter Fläche durchkneten und zu einem Rechteck ausrollen. Auf das Backblech legen und mit einer Gabel mehrmals einstechen. Mit Sardellen, Frühlingszwiebeln, Knoblauch und Tomaten bestreuen. Salz und Pfeffer darüber mahlen, das Olivenöl darüber träufeln. Die Focaccia zugedeckt noch etwa 30 Minuten gehen lassen.

5 Den Backofen auf 200 °C vorheizen. Die Kräuter waschen und trocken schütteln. Die Thymianblättchen abzupfen, das Basilikum in feine Streifen schneiden. Die Focaccia im vorgeheizten Backofen 20 bis 25 Minuten backen. Herausnehmen und vor dem Servieren mit den Kräutern bestreuen.

Risotto mit grünem Spargel

500 g grüner Spargel
Salz
1 Prise Zucker
2 Schalotten
2 EL Butter
400 g italienischer
  Risottoreis

1/4 l trockener Weißwein
1/2 l Gemüsebrühe
50 g geriebener Parmesan
Pfeffer

FÜR 4 PORTIONEN

1 Spargel waschen, die Enden abschneiden und wegwerfen. Spitzen ebenfalls abschneiden und beiseite legen. Stangen in etwa 1/2 Zentimeter lange Stücke schneiden. Wasser mit etwas Salz und 1 Prise Zucker aufkochen. Die Spargelspitzen darin etwa 4 Minuten bissfest garen. Herausnehmen und abspülen. Sud beiseite stellen.

2 Schalotten abziehen und würfeln. 1 Esslöffel Butter in einem Iopf schmelzen. Spargelstücke und Schalotten darin anbraten. Den Reis unterrühren und mitbraten. Wein, Spargelsud und Brühe mischen und 2 Schöpfkellen der Mischung zum Reis gießen. Den Reis unter Rühren kochen lassen, bis die Flüssigkeit aufgenommen wurde.

3 Wieder Flüssigkeit zum Reis gießen, den Vorgang so lange wiederholen, bis der Reis bissfest ist. Spargelspitzen, restliche Butter und Parmesan unterrühren. Mit Salz und Pfeffer würzen.

Steinpilzrisotto

50 g getrocknete Steinpilze
2 Zwiebeln
2 Knoblauchzehen
60 g Parmesan
4 Zweige Basilikum
2 EL Butter
1 EL Olivenöl

400 g Risottoreis
100 ml Weißwein, z. B. Soave
600–800 ml Gemüsebrühe
Salz, Pfeffer

FÜR 4 PORTIONEN

1 Die Steinpilze in eine Schüssel geben und mit kochend heißem Wasser übergießen. Die Pilze etwa 6 Stunden quellen lassen.

2 Die Zwiebeln und den Knoblauch schälen und sehr fein hacken. Den Parmesan reiben. Das Basilikum waschen, trocken tupfen, die Blättchen von den Stielen zupfen und in feine Streifen schneiden.

3 Butter und Öl in einem großen Topf erhitzen. Den Risottoreis mit den Zwiebelwürfeln und dem Knoblauch hinzugeben und glasig dünsten. Alles mit dem Wein ablöschen. Die Gemüsebrühe nach und nach angießen und unter das Risotto rühren. Etwa 15 Minuten bei reduzierter Temperatur quellen lassen.

4 Inzwischen die Steinpilze aus dem Einweichwasser nehmen und fein hacken. Die Steinpilze und das Einweichwasser in den letzten 5 Minuten mit dem Risotto erhitzen. Alles mit Salz und Pfeffer abschmecken.

5 Die Hälfte des Parmesans unter das Risotto rühren, diesen auf Tellern verteilen und mit dem restlichen Parmesan und den Basilikumstreifen garnieren.

Fleischgerichte

Parmesanschnitzel auf Tagliatelle

Ossobuco mit Zitronen-Petersilien-Gremolata

Saltimbocca

Rosmarinhähnchen

Geschmortes Tomaten-Kaninchen

Parmesanschnitzel auf Tagliatelle

Nudeln:
4 Fleischtomaten
  (ca. 600 g)
2 Möhren
1 Zwiebel
1 Knoblauchzehe
1 EL Olivenöl

1 EL Tomatenmark
1/8 l Gemüsebrühe
2 TL frisch gehackter oder
  1 TL getrockneter
  Thymian
Salz, Pfeffer
300 g Tagliatelle

Fleisch:
4 Putenschnitzel (ca. 500 g)
Salz, Pfeffer
2 Eier
50 g geriebener Parmesan
2 EL Öl
2 TL Butter

FÜR 4 PORTIONEN

1 Die Tomaten überbrühen, abgießen, abschrecken, häuten, halbieren und entkernen. Die Stielansätze herausschneiden und das Fruchtfleisch in kleine Würfel schneiden. Die Möhren waschen, schälen oder abschaben und fein würfeln. Die Zwiebel und den Knoblauch abziehen und ebenfalls fein würfeln.

2 Das Olivenöl in einem Topf erhitzen. Möhren, Zwiebel und Knoblauch darin kurz andünsten. Das Tomatenmark einrühren, die Brühe angießen und alles mit Thymian, Salz und Pfeffer würzen. Zugedeckt bei schwacher Hitze etwa 10 Minuten kochen lassen, dann die Tomaten dazugeben.

3 Inzwischen reichlich Salzwasser aufkochen und die Nudeln darin nach Packungsangabe bissfest garen.

4 Die Schnitzel waschen, gut trocken tupfen und mit Salz und Pfeffer würzen. Die Eier verquirlen und in einen tiefen Teller geben. Den Parmesan auf einen zweiten Teller geben. Die Schnitzel erst in den Eiern, dann im Parmesan wenden. Das Öl und die Butter in einer beschichteten Pfanne erhitzen und die Schnitzel darin bei mittlerer Hitze auf jeder Seite 3 bis 4 Minuten braten.

5 Die Nudeln abgießen und kurz abtropfen lassen. Mit der Tomatensauce mischen. Die Pasta auf vier vorgewärmten Tellern anrichten und die Parmesanschnitzel darauf legen.

Ossobuco
mit Zitronen-Petersilien-Gremolata

4 Scheiben Kalbshaxe
   mit Knochen in der
   Mitte (je ca. 4 cm dick)
Salz, Pfeffer
4 Möhren
4 Stangen Stauden-
   sellerie

2 Zwiebeln
4 Knoblauchzehen
2 EL Olivenöl
1 kleine Dose Tomaten
   (400 g)
ca. 200 ml Fleischbrühe
   oder trockener Rotwein

1 unbehandelte Zitrone
1 Bund Petersilie

FÜR 4 PORTIONEN

1 Die Kalbshaxenscheiben mit einem feuchten Tuch abreiben und alle Knochensplitter entfernen. Das Fleisch auf beiden Seiten mit Salz und Pfeffer würzen. Die Möhren und den Sellerie waschen und putzen. Beides in kleine Würfel schneiden. Die Zwiebeln und 2 Knoblauchzehen abziehen und fein hacken.

2 Das Olivenöl in einem Schmortopf erhitzen. Die Fleischscheiben darin auf beiden Seiten bei starker Hitze anbraten und dann wieder herausheben. Die Zwiebeln, den Knoblauch und das Gemüse im Bratfett anbraten. Die Tomaten in der Dose klein schneiden und mit der Brühe oder dem Wein angießen. Mit Salz und Pfeffer würzen und die Fleischscheiben wieder in den Topf legen. Osso-

buco bei schwacher Hitze zugedeckt etwa 1 1/2 Stunden schmoren. Dabei das Fleisch immer mal wieder mit dem Schmorsud beschöpfen.

3 Für die Gremolata die übrigen Knoblauchzehen abziehen. Die Zitrone heiß waschen und trocken reiben. Die Schale dünn abschälen. Die Petersilie waschen und trocken schütteln, die Blättchen abzupfen. Die Knoblauchzehen, die Zitronenschale und die Petersilie sehr fein hacken und in ein Schälchen füllen.

4 Das Ossobuco mit der Sauce auf Teller verteilen, mit der Gremolata bestreuen und servieren.

- SIESTA -

T. GAY

Saltimbocca

4 dünne Kalbsschnitzel (à 125 g)
4 Scheiben roher Schinken
8 Salbeiblätter
2 EL Oliven- oder Rapsöl
Salz, Pfeffer
1 Schuss trockener Weißwein
1 TL Aceto balsamico

FÜR 4 PORTIONEN

1 Die Kalbsschnitzel unter fließendem kaltem Wasser abspülen, trocken tupfen, halbieren und nach Bedarf flach klopfen.

2 Die Schinkenscheiben halbieren und die Schnitzel damit belegen. Je 1 Salbeiblatt darauf legen und mit einem Zahnstocher befestigen.

3 Das Öl erhitzen und die Salbeischnitzel bei mittlerer Hitze von jeder Seite etwa 3 Minuten braten. Salzen und pfeffern. Die Schnitzel herausnehmen und warm stellen.

4 Den Bratensatz mit dem Weißwein ablöschen und kurz aufkochen lassen. Den Essig einrühren, mit Salz und Pfeffer würzen. Die Salbeischnitzel noch mal kurz in der Sauce erwärmen und sofort servieren.

Rosmarinhähnchen

200 g Hühnerleber	1 Lorbeerblatt	Weißwein oder Geflügel-
200 g Räucherspeck	1/8 l Wasser	brühe für die Sauce
2 EL Olivenöl	1/8 l Weißwein	
3 Zweige frischer	Salz, Pfeffer	
Rosmarin	1 Hähnchen (ca. 1–1,5 kg)	
1–2 Knoblauchzehen	getrockneter Majoran	
6 Pfefferkörner	nach Belieben etwas	

FÜR 4 PORTIONEN

1 Die Hühnerleber fein hacken, den Räucherspeck klein würfeln. In einer kleinen Pfanne das Olivenöl erhitzen, Speck darin knusprig rösten, gehackte Leber zufügen und kurz weiterrösten. Die Pfanne vom Herd nehmen.

2 Von 1 Rosmarinzweig die Nadeln abzupfen und beiseite stellen. Die beiden anderen Zweige mit den ungeschälten Knoblauchzehen, den Pfefferkörnern und dem Lorbeerblatt im Wasser aufkochen und 15 Minuten ziehen lassen. Den Sud durch ein Sieb gießen, mit dem Wein vermengen und beiseite stellen. Rosmarinnadeln im Mörser fein zerstoßen oder sehr fein hacken und zur Leber-Speck-Mischung geben. Mit Salz und Pfeffer abschmecken.

3 Das Hähnchen waschen, mit Küchenpapier trocken tupfen, innen und außen kräftig mit Salz und Pfeffer würzen, innen mit Majoran ausreiben. Das Hähnchen mit der Leber-Speck-Mischung füllen und mit Küchengarn gut zunähen.

4 Backofen auf 180–200 °C vorheizen. Gefülltes Hähnchen in eine feuerfeste Form legen und in den Ofen schieben. Nach etwa 15–20 Minuten etwas vom Wein-Gewürzsud zugießen und das Hähnchen weitere 45–50 Minuten braten. Dabei wiederholt Sud nachgießen.

5 Hähnchen aus der Form heben und vor dem Tranchieren noch kurz abgedeckt ruhen lassen. Restlichen Bratenrückstand aufkochen und eventuell mit etwas Weißwein oder Geflügelbrühe zu einer sämigen Sauce einkochen lassen. Die Hähnchenteile – nach Belieben zusammen mit der Füllung – auf einer Platte anrichten.

Soll ich machen Kopf kürzer für Sie?
Ich nehm nur das eingelegte Gemüse
TRATTORIA
SALE & PEPE

Geschmortes Tomaten-Kaninchen

1 küchenfertiges
   Kaninchen (ca. 1,2 kg)
Salz, Pfeffer
1 Aubergine (ca. 350 g)
400 g Schalotten
4 Knoblauchzehen
2 Zweige Rosmarin

1/2 Bund Thymian
2 EL Olivenöl
1/4 l Rotwein
1/8 l Hühnerbrühe
500 g Eiertomaten
1/2 Bund Petersilie

FÜR 4 PORTIONEN

1 Das Kaninchen in 8 Portionen zerlegen. Diese waschen, trocken tupfen und mit Salz und Pfeffer einreiben. Die Aubergine waschen, putzen und in etwa 3 Zentimeter große Würfel schneiden. Die Schalotten abziehen und je nach Größe ganz lassen oder halbieren. Den Knoblauch abziehen und in dünne Scheiben schneiden. Rosmarin und Thymian waschen, trocken schütteln und hacken.

2 In einem großen Schmortopf oder Bräter das Öl erhitzen. Die Kaninchenteile darin bei mittlerer Hitze in etwa 10 Minuten goldbraun braten, anschließend herausnehmen. Auberginenwürfel, Schalotten, Knoblauch und Kräuter in den Topf geben und alles bei mittlerer Hitze 4 bis 5 Minuten anbraten.

Mit 1/8 Liter Rotwein ablöschen. Den Rotwein verdampfen lassen, dann alles salzen und pfeffern.

3 Die Kaninchenteile zurück in den Topf geben, 1/8 Liter Wein angießen und den Topf mit dem Deckel verschließen. Alles bei schwacher Hitze 1 Stunde schmoren lassen. Nach und nach die Hühnerbrühe dazugießen, das Fleisch zwischendurch wenden.

4 Inzwischen die Tomaten waschen und ohne Stielansätze quer halbieren. Nach 45 Minuten zum Fleisch geben und bis zum Schluss mitschmoren. Die Petersilie waschen, trocken schütteln, hacken und über das Gericht streuen.

Fischgerichte

Gefüllte Tintenfische

Seeteufel mit Basilikumschaum

Gratinierte Muscheln

Thunfisch mit Paprika und Fenchel

Gefüllte Tintenfische

800 g mittelgroße Tintenfisch-
   körper zum Füllen
4 Scheiben altbackenes Weißbrot
1 Bund Basilikum
2 Knoblauchzehen
6 in Öl eingelegte Sardellenfilets
2 TL Kapern

eventuell 1 getrockneter
   Peperoncino
6 EL Olivenöl
abgeriebene Schale und Saft von
   1/2 unbehandelten Zitrone
Salz, weißer Pfeffer
1/8 l Fischfond oder Weißwein

FÜR 4 PORTIONEN

1 Tintenfische waschen und trocken tupfen. Tasten Sie beim Waschen der Tintenfische die Körper auch mit den Fingern danach ab, ob im Inneren noch das durchsichtige harte Fischbein vorhanden ist. Es wird beim Garen nicht weich, weshalb es entfernt werden muss. Das Brot entrinden und in warmem Wasser einweichen. Die Basilikumblättchen mit Küchenpapier abreiben und abzupfen.

2 Knoblauch abziehen. Basilikum, Knoblauch, Sardellenfilets und Kapern sehr fein hacken. Nach Belieben den Peperoncino im Mörser zerstoßen. Das Weißbrot ausdrücken, zerpflücken und mit den gehackten Zutaten, eventuell dem Peperoncino, 4 Esslöffel Öl und der Zitronenschale mischen. Salzen und pfeffern.

3 Die Brotmasse in die Tintenfische füllen. Tintenfischöffnungen mit Küchengarn oder mit Zahnstochern verschließen.

4 In einem Schmortopf 2 Esslöffel Olivenöl erhitzen. Die Tintenfische darin rundum gut anbraten. Mit dem Fischfond und dem Zitronensaft aufgießen. Zugedeckt bei schwacher Hitze etwa 45 Minuten schmoren, bis der Tintenfisch weich und zart ist.

Tipp:
Wer die Tintenfische braten will, muss sie zunächst etwa 2 Minuten in Salzwasser kochen. Dann füllen und anschließend braten oder grillen.

Seeteufel mit Basilikumschaum

4–8 Seeteufelmedaillons
  (je ca. 90–180 g)
1 EL Zitronensaft
Salz, weißer Pfeffer
1 großes Bund Basilikum
2 Schalotten
2 EL Butter

1/8 l Fischfond (Glas)
50 ml trockener Weißwein
250 g Sahne
1 TL abgeriebene unbehan-
  delte Zitronenschale

FÜR 4 PORTIONEN

1 Die Seeteufelmedaillons kalt abspülen und gut trocken tupfen. Dann mit dem Zitronensaft beträufeln und mit Salz und Pfeffer würzen.

2 Basilikumblättchen von den Stängeln zupfen und mit Küchenpapier abreiben. Zarte Stiele ebenfalls abknipsen. Schalotten abziehen und fein hacken.

3 Die Medaillons in Butter bei mittlerer Hitze pro Seite 3 bis 4 Minuten braten, im Backofen bei 50 °C warm stellen. Schalotten und Basilikumstiele im Bratfett andünsten. Fischfond, Wein und die Hälfte der Sahne angießen. Bei starker Hitze cremig einkochen lassen.

4 Die übrige Sahne steif schlagen. Basilikum sehr fein hacken. Sauce pürieren, Basilikum und Sahne, Zitronenschale, Salz und Pfeffer unterziehen, zu den Seeteufelmedaillons servieren.

Gratinierte Muscheln

1 kg frische Miesmuscheln
1/4 l Fisch- oder Gemüsefond
  (Glas)
1 Scheibe altbackenes Toastbrot
2 Frühlingszwiebeln
2 Knoblauchzehen
1/2 kleine, frische rote Chilischote

4 Tomaten
1 Ei
3 EL geriebener Parmesan
Salz, weißer Pfeffer
1 EL Olivenöl
ein paar Zweige Petersilie

FÜR 4 PORTIONEN

1 Die Miesmuscheln unter fließendem kaltem Wasser gründlich waschen und putzen. Bereits geöffnete Muscheln wegwerfen. Den Fond zum Kochen bringen. Die Muscheln darin zugedeckt bei starker Hitze etwa 5 Minuten garen, bis sie sich öffnen. Den Topf dabei mehrmals rütteln. Geschlossene Muscheln aussortieren und wegwerfen.

2 Die Muscheln abtropfen lassen, die leeren Schalen abtrennen und wegwerfen. Den Fond durchsieben und das Brot darin kurz einweichen.

3 Backofen auf 220 °C vorheizen. Frühlingszwiebeln waschen, putzen und in Ringe schneiden. Knoblauch abziehen und durch die Presse drücken. Die Chilihälfte waschen und entkernen, sehr fein hacken.

4 Die Tomaten waschen und ohne Stielansätze klein würfeln. Das Brot ausdrücken und zerpflücken. Mit Tomaten, Chili, Knoblauch, Zwiebelringen, Ei und Käse mischen. Mit Salz und Pfeffer abschmecken. Die Masse auf die Muscheln verteilen, die Muscheln nebeneinander in eine feuerfeste Form setzen. Mit dem Öl beträufeln und im heißen Ofen etwa 10 Minuten überbacken.

5 Inzwischen die Petersilie waschen, trocken schwenken und die Blättchen sehr fein hacken. Die Muscheln mit Petersilie bestreuen und servieren.

Thunfisch
mit Paprika und Fenchel

1 Zwiebel
3 Knoblauchzehen
2 rote Paprikaschoten
2 Fenchelknollen
1/2 Bund Petersilie
3 EL Olivenöl
Salz

4 Thunfischsteaks (je 200 g)
Pfeffer
200 ml Weißwein
2 EL Zitronensaft

FÜR 4 PORTIONEN

1 Die Zwiebel und den Knoblauch abziehen. Die Zwiebel in feine Scheiben schneiden. Den Knoblauch fein hacken. Paprika halbieren, putzen, waschen und in dünne Streifen schneiden. Den Fenchel waschen, putzen und in feine Streifen teilen. Die Petersilie waschen, trocken schütteln und fein hacken.

2 In einer beschichteten Pfanne 1 Esslöffel Öl erhitzen. Die Zwiebel darin glasig dünsten, dann unter Rühren goldgelb braten. Knoblauch und Paprika dazugeben, leicht salzen. Unter Rühren 2 Minuten braten. Den Fenchel dazugeben. Alles unter Rühren 2 Minuten weiterbraten. Den Backofen auf 200 °C vorheizen. Die Thunfischsteaks abspülen, trocken tupfen, salzen und pfeffern.

3 In einer ofenfesten Pfanne 2 Esslöffel Öl erhitzen. Den Thunfisch darin kurz auf beiden Seiten anbraten. Die Paprika und den Fenchel auf dem Fisch verteilen. Weißwein und Zitronensaft darüber gießen. Thunfisch und Gemüse im Backofen etwa 15 Minuten garen, bis der Fisch durch ist. Dabei das Gemüse und den Fisch mehrmals mit der Weißweinsauce beschöpfen.

4 Die Thunfischsteaks mit Paprika- und Fenchelstreifen auf einer Platte anrichten. Mit Petersilie garnieren. Dazu passen Baguette, Folienkartoffeln oder Reis.

Desserts

Obstsalat mit Zabaione

Tiramisu

Panna Cotta mit Früchten

Kastanienpüree mit Sahne

Gratinierte Orangen

I Signori wolle essen oder nur Sonnenuntergang gucken?

Obstsalat mit Zabaione

Butter für die Förmchen
150 g Würfelzucker
1 TL Zitronensaft
3 Eier
2 Eigelb
70 g Zucker

abgeriebene Schale von 1 unbehandelten Orange
1 Vanilleschote
1/2 l Milch
Orangenfilets zum Garnieren

FÜR 6 PORTIONEN

1 Sechs Flanförmchen einfetten. Den Würfelzucker mit 4 Esslöffel Wasser und dem Zitronensaft unter gelegentlichem Rühren goldbraun karamellisieren. Den Karamell sofort auf die vorbereiteten Förmchen verteilen.

2 Den Backofen auf 160 °C vorheizen. Die Eier mit den Eigelben und dem Zucker cremig rühren. Die Orangenschale in die Eiermasse geben. Die Vanilleschote längs aufschlitzen, das Mark herauskratzen und mit der Milch aufkochen. Die kochende Milch in die Eiermasse rühren.

3 Die Creme in die Förmchen gießen. Die Förmchen auf ein hohes Backblech setzen und etwa 3 Zentimeter hoch kochendes Wasser angießen. Im heißen Backofen 50 Minuten garen. Anschließend herausnehmen und die Creme abkühlen lassen. Die Dessertportionen auf Teller stürzen. Mit den Orangenfilets garnieren und servieren.

Tiramisu

4 ganz frische Eigelbe
80 g Zucker
500 g Mascarpone
150–200 g Löffelbiscuits (mög-
    lichst ohne Zuckerbelag)
3/8 l kalter starker Espresso
Kakaopulver zum Bestäuben

FÜR 6–8 PORTIONEN

1 Eigelbe, Zucker und Mascarpone mit dem Handrührgerät schaumig schlagen.

2 Eine rechteckige Form mit einer Schicht Löffelbiskuits auslegen. Die Löffelbiskuits mit dem Espresso tränken und eine Schicht Mascarpone darauf verstreichen. Darauf wieder eine Schicht Löffelbiskuits legen, mit dem Espresso tränken und wieder mit Mascarpone bestreichen. Vorgang noch einmal wiederholen.

3 Tiramisu dick mit Kakao bestäuben. Mindestens 8 Stunden kühl durchziehen lassen.

Panna Cotta mit Früchten

500 g Sahne
50 g Zucker
1 Vanilleschote
2 Blatt Gelatine
frische Beeren (z.B. Himbeeren,
 Erdbeeren, Heidelbeeren)

einige Blättchen Zitronen-
 melisse oder Pfefferminze

FÜR 6–8 PORTIONEN

1 Sahne, Zucker und aufgeschlitzte Vanilleschote 15 Minute leise kochen lassen. Topf
vom Herd nehmen, Vanilleschote heraus
nehmen. Die Gelatine einweichen, ausdrücken, in die Sahne geben und rühren, bis sie
sich aufgelöst hat.

2 Kalt ausgespülte Dessertförmchen oder
Espressotassen mit der Sahnemasse füllen
und mindestens 60 Minuten kalt stellen. Die
Panna Cotta mit einem spitzen Messer vom
Rand lösen, die Förmchen bis unter den
Rand kurz in heißes Wasser tauchen und die
Panna Cotta auf Dessertteller stürzen. Mit
Beeren und Blättern garniert servieren.

Kastanienpüree mit Sahne

500 g Esskastanien (Maronen)
1 Vanilleschote
350 g Sahne
50 g Puderzucker

1 Die Schale der Esskastanien am spitzen Ende mit einem scharfen Messer über Kreuz einritzen. Die Kastanien in einen Topf geben. So viel Wasser aufgießen, dass die Kastanien bedeckt sind. Das Wasser zum Kochen bringen und die Kastanien darin zugedeckt 30 bis 40 Minuten bei schwacher Hitze kochen, bis sie weich sind.

2 Die Esskastanien abschrecken und etwas abkühlen lassen. Dann die äußere, harte Schale ablösen. Dabei auch die innere, braune Haut mit entfernen. Die Esskastanien möglichst noch heiß durch eine Kartoffelpresse drücken oder in einer Küchenmaschine zerkleinern.

3 Die Vanilleschote der Länge nach aufschlitzen und das Mark mit dem Messerrücken sorgfältig herausschaben. Anschließend das Kastanienpüree mit 100 Gramm Sahne, dem Vanillemark und 40 Gramm Zucker verrühren. Gut abkühlen lassen.

4 250 Gramm Sahne mit den restlichen 10 Gramm Puderzucker steif schlagen. Das Kastanienpüree durch eine Spätzlepresse auf vier Teller drücken oder einfach zu jeweils einem kleinen Berg aufhäufen. Mit der Sahne garnieren und rasch servieren.

Gratinierte Orangen

750–1000 g Orangen
150 ml trockener Weißwein
je 1 Prise Zimt-, Nelken- und
    Ingwerpulver
1 Prise gemahlene Vanille oder
    1 TL Vanillezucker
2–3 EL brauner Zucker

250 g süße Sahne
etwas Puderzucker

FÜR 4 PORTIONEN

1 Orangen schälen, sorgfältig von allen weißen Häutchen befreien und quer in etwa 1/2 cm dicke Scheiben schneiden. Austretenden Saft aufheben. Weißwein mit Gewürzen und Vanille bzw. Vanillezucker und dem aufgefangenen Orangensaft gut vermengen.

2 Die Orangenscheiben dachziegelartig in eine Gratinform legen, mit braunem Zucker bestreuen und die Gewürz-Wein-Mischung darüberträufeln.

3 Den Backofen auf 220 °C vorheizen. Die Form in den Ofen schieben und die Orangenscheiben knapp 15 Minuten gratinieren. Die Sahne nicht zu steif schlagen, mit etwas Puderzucker süßen. Die Orangen kurz abkühlen lassen und mit der Schlagsahne servieren.

Tipp:
Zu diesem fruchtigen Dessert passt süßes, trockenes Gebäck, wie etwa Mandelkekse, besonders gut.

Verlagsgruppe Random House FSC-DEU-0100
Das für dieses Buch verwendete FSC-zertifizierte Papier
LuxoSamt Offset liefert Schneidersöhne.

1. Auflage
© 2009 Wilhelm Goldmann Verlag, München, in der Verlagsgruppe Random House GmbH
Einzelabdruckrechte an den Zeichnungen von Peter Gaymann: www.cartoon-agentur.de
Umschlagillustration: Peter Gaymann
Umschlaggestaltung: WILD AT ART, Andrea Schmidt, München
Illustrationen: Peter Gaymann
Bildredaktion: Elisabeth Franz
Rezeptbilder: Falken Verlag Archiv: 42 (M. Brauner); Mosaik Verlag Archiv: 52, 76 (M. Brauner); 11
(A. Endress); 12 (K. Newedel); Südwest Verlag Archiv: 26 (D. Albrecht); 9 (K. Arras); 23, 48, 50, 59,
69, 70, 75 (B. Bonisolli); 64 (M. Brauner); 21 (N. Hermann); 7, 14, 19 (M. Holz); 35 (K. Newedel); 24
(A. Plewinski); 30, 37, 39, 54, 72 (R. Seiffe); 28, 32, 40, 47, 61, 63 (M. Urban)
Artwork und Gestaltung: WILD AT ART, Andrea Schmidt, München
Reproduktion: Lorenz & Zeller, Inning a. A.
Druck und Bindung: Polygraf Print, spol. s.r.o.
Printed in the Slovak Republic
ISBN 978-3-442-39178-3

www.mosaik-goldmann.de

Mehr von Peter Gaymann:

Peter Gaymann
Jacke wie Bluse
ISBN 978-3-442-39182-0

Peter Gaymann
Italien, amore mio!
ISBN 978-3-442-39138-7

Peter Gaymann
Herzklopfen
ISBN 978-3-442-39166-0

Peter Gaymanns
Traumpaare
ISBN 978-3-442-39133-2

Peter Gaymanns
Liebesglück
ISBN 978-3-442-39122-6

Peter Gaymanns
Katzen
ISBN 978-3-442-39098-4

Peter Gaymanns
Weinlese
ISBN 978-3-442-39086-1

Peter Gaymanns
Wellness-Hühner
ISBN 978-3-442-39072-4

Peter Gaymann präsentiert:
Plätzchen, Stollen, Weihnachtsmänner
ISBN 978-3-442-39154-7

Peter Gaymann kocht:
Weihnachtsgans & Zimtparfait
ISBN 978-3-442-39125-7

Peter Gaymann
Saumäßig verliebt
ISBN 978-3-442-39123-3